70歳、すっぴん人生

研ナオコ

Gakken

はじめに

こんにちは。研ナオコです。

すっぴんで人前に出ることはない仕事をしているアタシが、すっぴんをネタに、こんな仕事ができるなんて夢にも思っていませんでしたよ（笑）。

そのキッカケは、ＹｏｕＴｕｂｅにアップしたアタシのメイク動画。あの動画で「研ナオコのすっぴん」が全世界の人々の目に晒《さら》されることとなりました。でも、あの動画はアタシのすっぴんを見せるための動画ではなく、アタシのメイク方法をみなさんにご紹介するためのものだったんですよね。

それが意に反して、すっぴん自体に注目が集まっちゃったんです。それで、いつの間にか再生回数が６００万回に……その結果すっぴんという言葉が、アタシの代名詞みたいになってしまいました。ま、いっか（笑）。

とはいえ「すっぴん」って「素の自分」ということですよね。確かに、今でもアタシは子どものころから素のまま、な～んにも変わってません、いや違うか、シワも増えたし（笑）。仕事のときはビシッとメイクもする。でも普段の生活では本当にすっぴんのままだし、何より心にメイクをしたことはありません。だから話すことはいつも本音。飾りもなし。

ありのままのすっぴん人生ですよ。

この本は、そんなアタシがここまで生きてきて、感じたことや思ったことを言葉にしてまとめたものです。この本の中で書いたアタシの言葉ひとつでも、読者のみなさんがこれからの人生を生きていくためのささやかなヒントや支えになってくれたなら、これ以上の喜びはありません。

あ、そうそう、大事なことを言い忘れました。「すっぴん」の語源は「素でもべっぴん」なんですって。ナットクでしょ（笑）。

目次

第2章 アタシのつきあいかた

人間関係のオン、オフがわかっていないと、気遣いもできなくなる。
042

タテマエは言わない。少ない言葉でも、本音ならきちんとわかり合える。
044

「黙っていたほうがいいかな」ってときはずっと我慢。
つまらない我慢もときにはしなくちゃね。
046

「ふ〜ん、そうなんだ〜」「よくわからない」で、難しい場面を切り抜ける。
048

困っている人を見て見ぬふりはしない。良いこと、悪いこと含めて、
誰かが必ず見ていると思う。
050

親が子どもを思う無私の愛情。そういうものじゃないと人間は動かない。
052

自分の親にしてもらったことを、我が子にしてあげられる幸せ。
これだけは他の何ものにも代え難い。
054

年を重ねた今だからこそ、
お母さん、お父さんとのつながりを強く感じる。
056

第3章
アタシの楽しみかた

第4章

アタシの働きかた

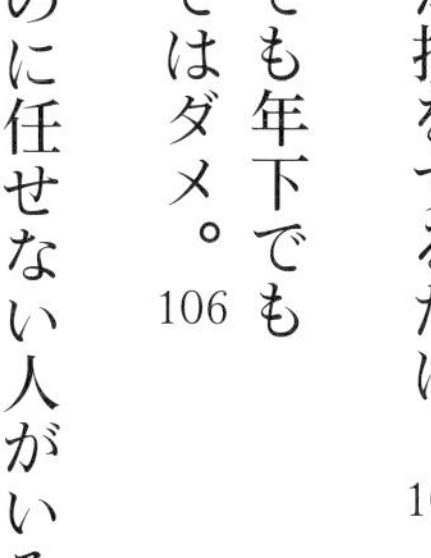

第1章
アタシの生きかた

いつも何か変化や刺激を求めているところがある。だから人と同じこと、言われた通りのことができない。

子どものころからそうなんですけど、周りの子どもたちと同じことをするのが苦手……ていうか、誰かに決められたことを、疑いもせずにそのまま言うことを聞くっていうのがダメなんですよね。いつも自分で決めて行動したい。そういう性格。幼いころ幼稚園でみ

んなと同じ時間に昼寝しなきゃいけないときに「だって眠くないんだもん」ってひとりで遊んでいました。この性格は約70年ずーっと変わっていません（笑）。でも、決してへそ曲がりだというわけではないんですよ。自分が納得できればいいんです。納得すれば、仕事も遊びもみんなと同じようにやりますよ。要は、お仕着せがダメなのね。

誰かが決めたことを納得もしないで、言われた通りにやることが嫌いなんですよね。だから、コントの台本も最初はちゃんとその通り覚えますよ。演技だってディレクターさんの演出に従います。でも、自分の中で、ここはこうしたほうがいいとか、メイクはもっと派手にしたほうがウケるとかって考え始めちゃう。こういう仕事の場面ではプライベート以上に自分が納得できないとイヤなのね。

でも、結局は自分が納得したほうがウケるんです。だから自分流で突き抜けられたんだと思います。そういう意味ではアタシの生きかたを一言で言うと「自分主義」ってことになるんでしょうか。

何か新しいことを始めるのも、続けていたことをやめるのも、勇気があれば何でもできます。

70歳になったからって何が変わるってわけでもない。とくにアタシみたいにほとんどのことにこだわらない人間はいくつになろうと変わらない。子どものころからずーっと同じ。あえて言えば自分であることにこだわっている。そんな感じかな。このトシまでこういう

生きかたができたのは、常に「自分は自分。人は人」という考えがいつも根っこにあったからかもしれません。他人の真似をしたり、誰かの言う通りに動いたり、与えられたものを納得もせず受け入れたり……そういうことをしなかったのは、ただ自分をごまかしたくなかったんですよね。

これからはもっともっと自分に素直に生きていくつもり。いつも自分主義。ヒトやモノやカネに振りまわされないで自分が主役になること。そのために一番大事なものって何？　と訊かれたら、アタシはそれは「勇気」だと答えます。今までできていなかったことに挑戦するのも、気になっていた人に声をかけるのも、勇気さえあればできるんです。子どものころに小学校の書き初めでよく書かれたりする言葉。大人になると忘れられて、口にすること自体、ちょっと青くさく思われたりする言葉だけど、それさえあれば何でもできる気がする。年を重ねて、「ちょっと違う生きかたをしてみたいな」なんて思ったときは、勇気を出して一歩踏み出してみて。大丈夫、まだ全然遅くないから。

不完全で危なっかしい姿を隠さない。アタシは昔から不完全。

長年連れ添っているダンナが「あなたは人を動かすつもりはないけど周りが勝手に動く」って言うんですよ。それはアタシの母親的愛情のなせる業《わざ》だと解釈したんですけど、ダンナに言わせればどうやらそういうことではないらしい。「見ていて危なっかしいよ」。見るに見かねて、かどうかわからないけれど、周りが動いてくれるんじゃないのか、って。でも、それだけでは人は動かないでしょ。ということはアタシの人間力、それとももし

かしたら超能力？　やっぱりアタシは宇宙人か……余談ですけど、娘がまだ幼かったころ、アタシの顔をよく描いてたけど、その顔が昔の漫画に出てくる宇宙人そっくりだったのはそういうことか（笑）。

それはさておき、アタシの姿を見て危なっかしいから動いてしまうってあながち間違いではないと思うわ。デビューしたころから何も言われなかったし、言ったって言うこと聞かないと思われていたのかも（笑）。自分ひとりでなんでもやっていましたから。新曲キャンペーンも荷物持って行っていましたし。たしかに周りの人たちに対して母親的な愛情を示すなんて、そんな余裕はなかったですよ。でもそんな不完全な姿を隠さないで、さらけ出していたところがいいのかな……。そこがアタシの人間力ってことなのかも。きっとこんなアタシが不憫《ふびん》で周りが気を遣ってくれていたんでしょう。それがいまだに続いているっていうことかもしれないですね。そういう意味では、不完全であることがアタシの個性ってことなのかしら。

自分のためだけに頑張ったことは
今までの人生で一度もない。
一生懸命になれるのは
周りの人のためだけ。

50年以上も芸能界で頑張ってきた原動力って何ですか？　ってよく訊かれることがあるんですけど、自分でもよくわからなかった。もちろん歌が大好きで、人を笑わせ、感動してもらうことが大好きだからこの世界にいるわけだけど、自分が有名になりたいとか、お金持ちになりたいとか、一度も思わなかったの。もともとあまり欲はないほうですし。

で、このトシになって振り返ってみると、やっぱり家族のために頑張っているってことだと思う。昔は故郷にいる父母、兄弟のため。子どもができたら、子どものため。そしてアタシのために頑張ってくれているスタッフや仲間のため。結局、自分以外の人のために頑張っているってこと。ていうか、人のためじゃなければアタシは頑張れないのね。自分のことなんかテキトー、いい加減なものですよ（笑）。口はばったい言いかたですけど、お客さまの笑顔のために頑張っている、なんて、カッコつけすぎか（笑）。でも、70歳の今でもそうですよ。アタシは他人のためじゃなければ頑張れないし、前向きにはなれないみたい。

迷っているならやめちゃいな。迷ったまま何かを始めると必ず失敗するよ。

アタシの仕事には「昨日と同じ」というものはない。歌手としてステージに立って、昨日と同じ歌を歌っても、お客さまは昨日とは違う方々であることがほとんど。新しいTV番組に出たり、面白そうな歌謡ショーを企画したり、映画に出演したり、さまざまな

仕事に巡りあう。新たな企画の話が舞い込んで、それに関してどうするか悩んでいるスタッフやプロデューサーを目にすることもあるけど、そんなとき、アタシは彼らにあえて言うんです。〝迷っているならやめちゃいな〟って。

「そう簡単にやめるわけにいかないでしょ！」ってお怒りの声が聞こえてきそうね（笑）。もちろんすんなりとやめることはできないだろうってことはアタシにもわかる。それでもその人たちが悩んでいることの原因を突き詰めていくと、意外と人間関係のしがらみだけだった、なんてことも多いんじゃないかな。特にアタシたちの仕事は人と人とのつながりで成り立っている部分が大きいから、ちょっとしたスレ違いから、一筋縄ではいかないくらい拗《こじ》れたりすることもある。

しかし、人間関係が原因だろうと別の理由があろうと、とにかく一度でも迷っちゃったらスパッとやめるほうがいい。

愛し合っている男女ふたりだって、迷ったまま結婚したっていいことはないでしょう。

独立して会社を設立しようとか、待望のマイホームを建てようとか、大きな節目で決断ができなくなったら、いったん立ち止まって考えるのが普通ですよね。知人からの頼みを断れずトラブルに巻き込まれたり、仕事関係者から投資を勧められ、迷った挙句投資して大損したり、天気予報が芳しくなく、行くか行くまいか悩んで行ったゴルフで大雨に遭い、風邪をひいてしまったり……これはうちのダンナのことだけど、日々の暮らしの中でも、よく迷っていますよ（笑）。

結局、目の前の物事を即断即決できないってことは、そこに、「邪念」あるいは「弱み」「しがらみ」みたいなものがあるからだと思うんです。そういう気持ちを抱え込んだまま何かコトに当たろうとしても、うまくいく可能性は低いですよね。身近な人間関係も同じですよ。この企画に乗ってもいいんだろうか、この人とつきあっていてもいいんだろうか……そんな迷いが生じたときは、「やめちゃいいな」ですよ。

子どものころからひとり遊びが好き。自分のやりたいことに、周りを気にせず没頭できるから。

アタシが生まれ育ったのは静岡の伊豆の山奥。うちの仕事は兼業農家だから、父親も母親も朝早くから暗くなるまで働いていました。だからいつも遊ぶときはひとり。ひとりでいることが嫌じゃなかった……というよりひとりが好きで、周りの子どもたちと同じこと

をするのが嫌いだった。だからお昼寝の時間になっても「眠くもないのに昼寝なんかできない」って、ひとり起きだして遊んでいましたね。

アタシが通っていたのはお寺の中にある幼稚園だったから、ひとりで木魚をポクポクと叩いて遊んだりしていた。すると「ナオコちゃん！　ちゃんとみんなといっしょにお昼寝しなきゃダメでしょ」って先生に叱られる。「だって眠くないんだもん」ってことで、またポクポクやっていると、昼寝のあとのオヤツがもらえない。そこで先生が来るときだけ寝たふりをして、オヤツをせしめるわけです。こんなイタズラばかりしていました。

誰かといると面倒なことも多いじゃないですか？　相手のことばかり考えたり、ペースを合わせてあげないといけなかったり……。子ども心にそういうことが嫌いだったと思います。周りの人に余計な気を遣うのがイヤだった。気を遣うなら真剣に気を遣ってあげたいし、それができないならやらないほうがいい。アタシのそういうところは、昔も今も変わりませんね。

「人生そろそろ終わり」だなんて言っている場合じゃない。面倒で大変なことばかりだけど、生き抜くことが大事。

「終活」ってあんまり考えたことないんです。アタシと同世代の方々にとっては当たり前のことみたいですけど、どうしても実感が湧かない。こう見えても一流芸能人（笑）だから、けっこう先までスケジュールは埋まっている。ソロコンサートもあれば、梅沢富美男さん

との舞台もあるし、テレビの収録、映画の撮影やら、やらなければならないことが目白押し。舞台やコンサートは本番の日だけが仕事ではないですからね。当然お稽古をしなければいけないし、リハーサルもあるわけです。時間なんてあっという間に過ぎていってしまう。けっこう売れっ子じゃん（笑）。だから終活なんて考えるヒマもない、って……イヤイヤ、休みの日には一日中ボーッとしてたりするでしょ。でも、休めるときは徹底的に休まなきゃダメですよ。普段から忙しい人ほど何も考えない時間が大事なの。

そんなこんなで終活なんですけど、アタシの場合、今は健康で働くことができるからあまり考えないんだと思う。動けなくなったら終活を始めるかもしれませんね。とはいえアタシの場合、普段から周りの人に迷惑だけはかけないようにって心がけていますから、たった今死んだとしても周りがバタバタすることはないと思っています。終活に否定的なわけじゃなくて、日々をしっかり生きていることが大事なの。生きていればいろいろ面倒なことに直面するけど、それでも自分の人生を生き抜くんですよ。

今まで生きてきた自分の人生を否定しない。頑張ってきたそれまでの自分がかわいそう。

人生の節目節目で記念のイベントをやることがありますよね。アタシも45周年のときはコンサートをやりました。50周年のときは残念ながらコロナ禍ということですべて中止になってしまいましたが、一応予定はしていました。でも以前はそういう節目節目で何かを

することってなかったんですよ。アタシ自身がそういうことにあまりこだわらないタイプだったからなのかもしれませんが。

「○○歳になったから、生まれ変わったつもりで頑張ります！」みたいに言う人もいる。その気持ちはわからなくはないし、悪いことではないですよね。でもふと思うのは、そのトシまで生きてきた自分を否定してまで生まれ変わりたいのかな？　ってことなんですよ。「否定」という言葉が適当でなければ「無視」するとでも言えばいいのか……それじゃかわいそうじゃん、って思っちゃうんです。

仮にそれまでの人生が間違っていたとしても、そこまで頑張ってきたその人の人生は、まぎれもなくその人自身の人生ですし、それは続いていくものなんです。過去があったからこそ今の自分があるし、当たり前ですけど過去の自分は今の自分とつながっている。

アタシたちの年齢になると過去を振り返って忸怩《じくじ》たる思いになる人も少なくないと思うけど、そうふさぎ込まず、まずはそこまで頑張ってきた自分自身を褒《ほ》めてあげてください。

日本人女性の平均寿命は長い。今、70歳ならあと20年くらいある。それだけあればどんなことでもできる。

アタシたちの業界には定年というものがない。役者であれば年を重ねれば重ねるほど、味わいのあるお芝居ができるでしょう。歌手も声が出る限りは歌い続けて、若いころには表現できなかった「人生の深み」のようなものを歌うことができるようになる。

だから健康でいるあいだは常に現役なんです。でも例えば会社員の方々の場合、会社を定年退職したらいったん終わり、なんて思われたりするみたいですね。いきなり現役感がなくなるんですよ。隠居して孫と遊ぶことが楽しみだ、みたいになっちゃう。

別にそれが悪いとは言っていませんよ。でもね～、なんかもったいないじゃありませんか。仮に65歳で退職して80歳まで生きたとしても残り15年、いろんなことができますよ。例えば15歳の少年が15年すれば30歳になるわけでしょう。そのあいだにどれだけ多くの楽しい経験をすることになるんでしょうか……そう思うとワクワクしませんか？

「それは若かったからなんでもできただけの話。65歳からの15年とは違うよ」なんていうのが何かを始めようとしない人の言い訳。常に後ろ向き……そういうのはダメですよ。ちなみにアタシが舞台で大腿骨を折ったのは64歳のとき。舞台に立ちたい一心でリハビリを頑張った。そのおかげで今でも舞台に立てるし、スキューバダイビングもできる。あそこで後ろ向きになっていたらと思うと空恐ろしくなりますよ。

人生に満足感を覚えたらそこで終わり。まだまだ、これからって思う気持ちこそアンチエイジング。

いくつになっても人間、満足したらそこで歩みは止まってしまいますよね。過去を振り返って反省することも大事ですが、それを未来に活かせなかったらなんの意味もない。たまにならいいかもしれませんが、古き良き日のアルバムを毎日見て懐かしんでばかりい

たら、加速度的に老け込んでしまいますよ。

アタシはダンナより6歳年上。で、ダンナは見た目が若いんです。YouTubeに出て「イケオジ」とか言われてまんざらでもないようですが（笑）、アタシのほうもいつも若々しく、ハツラツとしていないと釣り合いが取れないんですよ。そういうのはメイクとか、ファッションだけじゃごまかせない。やっぱり内面から出てくるものじゃないとダメね。内面からの若さを保つためには「どんなことに対しても積極的に面白がることが大事なんじゃないか」なんて思うんですよね。「面白そうなことにすぐに飛びつく」っていうか、「開き直ってなんでも面白がっちゃう」感覚。「こんなことやって何が面白い？」なんて、否定的になったり、皮肉っぽく切り捨てないってことが大事なんじゃないかなって。

ダンナとYouTubeを始めたのもそんなきっかけからなんです。二人ともブログは既にやっていたので違和感はなかったんですが、とはいえYouTubeなんて……ちょっと怯《ひる》んだところもありましたね。でも子どもたちが応援してくれて、みんなでいろいろとやっていたら楽しくなって、その結果があの「すっぴんメイク動画」ですよ（笑）。600万回再生ですって！　そんな多くの方々にあの顔を見られた、というか見てくださった。こんなことはあのとき「はぁ？　YouTube！　無理無理」なんて言っていたら、何も始まっていなかったこと。やっぱりどんなことでも、先入観や偏見を持たずに面白がることが大切なんですよ。

第2章

アタシのつきあいかた

本当の友だちは少なくていい。つきあいが増えすぎると手を抜いた関係ができてしまうから。

アタシの周りで本当に友だちって言えるのは2、3人くらいだと思う。その人たちとは数年会うことがなくても、会えば一瞬でいつも通りの会話ができる。最近はネット社会だから若い人たちが簡単に多くの友だちを作れるようだけど、それってそう簡単にできるも

のじゃない。自分の都合のいいときに連絡してきて、相手の都合が悪ければ、「つきあいの悪いヤツだ」ってことになるような気がする。あの人がダメならこの人でいいや、っていうふうにあしらわれることになる。

今ではメールやメッセージで、直接相手につながれるでしょう。だからこそアタシは、「今、連絡して大丈夫かな」「仕事で手が離せないときだと悪いな」とか相手の状況を考えて連絡するかを決める。最低でもそれくらいの配慮がないといけないんじゃないかと思う。そういう相手って多くはできないんじゃないかな。

それでも多くの人々とつきあおうとしたら、幾人かは手を抜いてつきあうしかない。それって相手のためにも、自分のためにもならないでしょう。毎日のように会って、一日に何度も連絡を取り合うことだけで成り立つような関係ばかりではないのよ。数年ぶりに電話したとしても、声を聞けばすぐに普段通りの会話ができる。本当の友だちってそういうものだと思うわ。

周りとなじみすぎると、
大事なものをなくす。
もともと白だった自分が朱に交わり、
気がつくとピンクになっている。

人とのつきあいにおいては、仕事でもプライベートでも距離感が大事。とくに仕事の場ではなじみすぎてしまうといい結果は生まれないわね。自分は白だと思っているのに周りにいる人が赤ばかりだと、いつの間にか自分がピンクになっていることに気がつかないことがある。朱に交われば赤くなる、という言葉があるけど、自分で意識して赤く染まらない距離感を保つことが大事なんですよ。それぞれが違う考えを持っているから、いろんなアイデアが生まれたり、他にないものができる。距離が縮まってきて、似たような考えかたしかできなくなると何も発展しないでしょう。それがエスカレートすると、違う意見や違うタイプの人間を受け入れられなくなってしまうし。

最近よく使われる言葉だけど多様性って言うでしょ。みんな違ってみんないい、ってこと。それぞれの違いを認め合う距離感が大事なんじゃないかと思うの。こういうことって日々の人間関係で心当たりがあるっていう人も多いんじゃないでしょうか。だからアタシは周りと適度な距離を置くの。そのほうがアタシの肌の粗《あら》も目立たないですしね（笑）。

人間関係のオン、オフがわかっていないと、気遣いもできなくなる。

「どうせもうすぐ死ぬんだから、誰に何言われようと関係ない」みたいな態度をとる人がたまにいるでしょ。とくにジイサンたち（失礼！）。アタシは休みのときはあまり外出しないで、家の中でゆっくり過ごすことが多いのでよくは知らないんですけど、周りから聞

くところによると、横柄な方々も多いそうですね。例えば昔、大きな会社にいた人とか、お行儀良くしていればいいのに、行きつけの図書館の若い係員さんにつまらない文句ばかり言ったりしてくるって……なんでそうなるのかしらねぇ。

アタシには経験ないからはっきりわからないけど、会社で働いていたときの上下関係をそのまま引きずっているんじゃないのかな。若い人を見ると自分の部下みたいに見えて思わずつまらないことでも文句を言ってしまう。これって最悪。テレビを見ていて後輩の芸能人が先輩の芸能人に乱暴な口をきいてドツいたりしていますけど、あれはまた別の世界だって思ったほうがいい。

あの中では先輩後輩関係ないような態度ですけど、画面の裏は違います。そういう人に限って、お行儀が良くて、他人に対する気遣いができている。ちゃんとオンとオフを理解しているの。それすらもわからなくなって周りの人々に気遣いができなくなるなんて……今、「ハッ！」とした人は気をつけたほうがいいですよ。

タテマエは言わない。少ない言葉でも、本音ならきちんとわかり合える。

アタシが仲良くなる人って、だいたい不器用な人が多いですね。仕事に関しては一流の人ばかりですけど、普段はあまりしゃべらないし、シャイで人と目を合わせられないような人が多いかな。亡くなった志村けんさんなんか、まさにそんな感じ。テレビで見るけん

ちゃんと普段のけんちゃんとのギャップといったら……そりゃあアナタ、驚きますよ。アタシとも目を合わさず、伏し目がちにボソボソ話す。多弁じゃないのよ。アタシは飲まないけれど、たまにそういう席でご一緒したときなんか、ニコニコしながらタバコ吸って焼酎飲んでいるだけ。

でも、たまにしゃべる一言が重い、っていうのかな。言葉を飾らない。ホントのことをズバッと言う。アタシもそう。だからあまりベラベラしゃべらない。梅沢富美男さんもそんな感じ。けんちゃんと梅沢さんは二人ともシャイだから、共演したくてもお互い声をかけられないの。恥ずかしがりやの子どもみたいなところがある。それでアタシが引き合わせたわけ。それでも二人だけだと話をしない……世話が焼けるったらありゃしない（笑）。だからアタシが扇《おうぎ》のカナメの役割をするんだけど、ちょっと話すだけでお互いにわかり合える。本音で話すからでしょうけど、素敵な関係だと思うわ。その逆が政治家の答弁ね。なんでかわかるでしょ。皆まで言わないけど（笑）。

「黙っていたほうがいいかな」ってときはずっと我慢。つまらない我慢もときにはしなくちゃね。

言葉遣いとか、仕草やマナーだけではなく、くだらないことでイラッとするときがありますけど、最近は流すようにしているんです。いちいち気にしていたら体がもたないし。だからアタシをイラッとさせる人間と同じ土俵に乗らないことにしているんです。でも家

族とか、身近な人だとそういうわけにはいきませんよね。自分はずーっと気にしているけど、相手になかなか言い出せないってことも一つや二つ、あるでしょ。そのくせ向こうはそのことをなんとも思っていないっていう……だからこそ厄介なんですよ（笑）。

実はこんなアタシでも、20年我慢していることがあるんです。それはテーブルを置いてある場所のこと。本来であれば家の外に置く、アイアンでできた楕円のテーブルとイス。よくフラワーガーデンか何かに置いてあるアレですよ。うちも最初は庭に置いてあった。それが気づいたら玄関を入ったところに置かれていたんですよ。アタシはそれが気になって気になって……入れたのはダンナだってわかっているんです。だから「あのテーブル、外に出したほうがいいんじゃないかしらね」みたいに言ったんだけど、「大丈夫、大丈夫」だって（笑）。何が大丈夫なのか……そういう問題じゃないんだけどな。こんな感じで我慢して早20年。でも最近思うんですよね。こういう我慢が、人間関係を維持していくのに大事なのかもしれないって……そうはいっても本当のところ、よくわかりません（笑）。

「ふ〜ん、そうなんだ〜」「よくわからない」で、難しい場面を切り抜ける。

「文句を言いたくなりそうな仕事だと思ったら最初から引き受けない」。これってあまり面倒なことを考えないアタシの、唯一のポリシーといってもいいかもしれない。アタシはただでさえ一言言いたくなるタイプだから、目の前でいじめられている人を見たりすると、

つい物申してしまったり、仕事現場であとからガタガタ言ってくる人に嫌な気持ちになったりするの。だから、そういう仕事は初めからなるべく避けたいというのが正直なところ。しかしそうはいってもたまに断れないことも……これだけの大スターなんですから（笑）。

例えば出演者がたくさんいるTV番組に出演すると、いろんな人に会うわけですよ。アタシより目上の芸能界の先輩たちとかね（笑）。で、彼らもトシをとってきて、どうしてもいろんなことが言いたくなるわけ。「昔はこうだった、ああだった」だのといろいろ……そりゃアタシだって話しかけられたらきちんと耳を傾けなきゃいけない。とはいえ調子に乗ってペラペラしゃべっているとあとで何言われるかドキドキしちゃう。だからアタシはこういうときはなるべく口を開かずに、「ふ〜ん、そうなんだ〜」と「よくわからない」をかわるがわる駆使しながら、ニコニコと頷くようにしています。これと似たような局面って、みなさまの日常生活の中でもあるんじゃないでしょうか。そんなときはこの「ふ〜ん、そうなんだ〜」と「よくわからない」の二刀流でサラッと済ませることをおすすめします。

困っている人を見て見ぬふりはしない。良いこと、悪いことと含めて、誰かが必ず見ていると思う。

子どものころのアタシの役割は、おばあちゃんの面倒を見ること。両親とも外で働いていたし、お兄ちゃんも親の手伝いをしていたので、家の中のことはアタシの仕事だった。おばあちゃんは寝たきりだったのでよく床ずれになる……それがかわいそうでね、アタシ

が床ずれになった部分に薬を塗ってあげていたの。その薬がなくなると、家がある山の上からふもとのお医者さんまで、薬をもらいに往復ダッシュ。急いで戻るとおばあちゃんが「ナオコ、いつもいつも悪いね、ありがとうね」って言ってくれる。それが嬉しかった。

子どものころのそんな体験があったからかもしれないけど、お年寄りを粗末に扱うことに対しては人一倍敏感ですよ。大きな荷物を持って信号を渡ろうとしているお年寄りがいたら、必ず声をかけて手伝う。で、そういうとき必ず周りにいる若い彼らに言うの。お年寄りばかりじゃなく、困っている人がいるのに見て見ぬふりをしては絶対にダメ！　って。

別に好感度を上げようと思っているわけじゃないですよ（笑）。アタシの性分なのね。この性分はおばあちゃんの面倒を見ていた経験で作られたものかもしれない。これで何かの見返りを期待することはハナっから考えていないけど、誰かが必ず見ていると思う。見ていた人が別の誰かに同じように親切にしてあげるの。そういうことがつながっていけば、きっと素敵な世の中になるでしょうね。

親が子どもを思う無私の愛情。そういうものじゃないと人間は動かない。

アタシのお父さんはトラックドライバーの仕事をしていて、空いているときは畑仕事を手伝っていた。アタシのお母さんはそれこそ朝早くから暗くなるまで畑仕事をしていた。アタシが自分のことよりも誰かのために頑張るようになったのは、きっとお父さんお母さ

んの働く姿を長く見てきたからだと思う。

　アタシも両親のために何か手伝ってあげたいなって子ども心に思っていましたからね。親の背中を見ることがなによりもいい教育になると思いますよ。だからそんな姿を見ると周りも本気で動くのよ。なにか計算ずくでやっても他人は本気では動かない。親が子どもたちのことを思う無私の愛情っていうのかな……。そういうものじゃないと最終的に人は動かないわね。損得勘定ではダメ。それだと動いているふりをしているだけ。やっぱり、人間関係はそれぞれの人間性が肝になってくると思うんですよ。そのおかげでアタシの周りにいる人たちが、アタシが余計なことを言わなくても動いてくれていることを感じたんですよ。アタシにとってはそれがずっと不思議なことだったんです。

　でも最近、ようやくわかってきたの。きっとそれはアタシにお母さんのような大きな愛情を感じてくれているってことなのよね……おいおいアタシはそんなババアじゃないよ！　いや、ババアか（笑）。

自分の親にしてもらったことを、我が子にしてあげられる幸せ。これだけは他の何ものにも代え難い。

アタシはお母さんに叱られたことがありません。おてんばをして注意されたり、幼稚園をサボって呆れられたりしたことは何度もありますが、怒った顔を見たことがないんです。ただ「しょうがないねえ」と困った顔は何度も見ました。いじめっ子をやっつけて

帰ってきたときも「しょうがないねえ」。「歌手になりたいから東京に行く」って言ったときも最初は反対していましたけど、結局「しょうがないねえ」って(笑)。でも、いつも「ナオコには苦労かけるね」とも言ってくれた。それは寝たきりのおばあちゃんの面倒を見たり、朝早くから畑仕事をしているお母さんに代わって家事を手伝っていたから。でもアタシはそれが当たり前だと思っていたから、イヤだとか思ったことはないんですよね。

アタシの子どもたちはそんな経験はしていませんが、アタシのお母さんがアタシに接してくれたように、アタシも子どもたちに接したいと思ってきました。娘が歌手になりたいと言ってきた日、その気持ちが痛いほどわかりました。お母さんのようにアタシも反対はしませんでしたけれど、だからといって娘を心配する気持ちに劣るものはないでしょう。せっかく娘と同じ世界にいるんですから、なるべく長くいっしょに仕事をしたいですよね。それがこれからのアタシの一番楽しみにしていること。いろいろな辛いことも乗り越えてここまで生きてきたんですから、そう簡単に死んでたまるもんですか。

年を重ねた今だからこそ、お母さん、お父さんとのつながりを強く感じる。

子どものころ、お勝手でお手伝いをしているとき、ラジオから流れてくる歌を口ずさんでいると、お母さんが「ナオコ、ここはこういうふうに歌うんだよ」って教えてくれた。だからアタシが歌を好きになったのはお母さんの影響だ、ってずっと思い込んでいた。

でもオーディションに合格して東京に出るっていうときに、お父さんからいきなり「実は俺ものど自慢大会で優勝したことがあって、歌手になりたかったんだ」って言われてびっくり。「これまでそんな素振り全然なかったのに、今ごろ言うか！」ですよ（笑）。

「歌が好きなんだ」というお父さんはどこにでもいらっしゃるでしょう。でもあの時代に「歌手になりたい」とまで思った人はそんなに多くはなかったんじゃないかな。そう思うとやっぱり血は争えないな、って感じますね。さらに仕事でも趣味でも、アタシが後先も考えずに、面白そうなことにばかり飛びつくのは、間違いなくお父さん譲り（笑）。

お母さんは控えめで、真面目一方の人でしたし、しかもお母さんの家系には、教育者が多かったみたい……。しかしアタシが歌手になることを最初は反対していたお母さんは、その後一番の応援団長になってくれた。それは、お父さんに似ているアタシの性格を、わかってくれていたからだと思います。そうやって両親の影響を等しく受けたアタシは、やっぱり幸せものだったって、今になってしみじみ感じるんです。

夫婦で同じ業界にいると
お互いの苦労がよくわかる。
そこを理解してあげることが
長持ちの秘訣。

以前アタシは明石家さんまちゃんと同じマンションに住んでいたんです。で、そのころ、彼はある女性と噂になっていていてマスコミに追いかけられていたみたい。そして同じタイミングでアタシもダンナとつきあっていた。あるときうちに来たダンナと食事に出ようとしたら、マスコミの方々に取りかこまれちゃって……。「しょうがない。覚悟決めよう」ということで、車のスモークガラスの窓を開けたの。そしたら「あれ～ナオコさんじゃないですか」って、みなさん拍子抜け。どうやらさんまちゃんを張っていたらしく、アタシがダンナと顔出したのでびっくりしたみたい。そんなこんなでバレちゃいました（笑）。

それはさておき、同じ業界にいたり、同じ仕事をしている同士で結婚すると、お互いの裏も表もわかってしまうからやりにくい、なんてこともあるみたいね。アタシの周りでも、同じ会社に勤務していたり、ＴＶ局や新聞社で社内結婚したような方々は、いろいろ大変なこともあると聞いたりもしますね。でも、例えば街の飲食店さんとか青果店さん、精肉店さんとかだと、ご家族で経営していることも多いじゃないですか。そういうお店はみんな

な夫婦、家族で協力し合って営んでいくわけよね。

うちなんかはきっとそれに近い感じかもしれません。ダンナだけでなくマネージャーもアタシの家にいっしょに住んで、日々、お互いを見ている。だから「こんなときはこうしよう」とか、「ここは黙っていよう」とか、場面場面でいい距離感を作ることができるような気がする。杓子定規に「これはこうだ」って決めつけたりせず、お互いが他人に見せる表の顔、家族に見せる裏の顔を理解しながら接していくようにしています。

映画の寅さんじゃないけど、「それを言っちゃあおしまいよ」っていうことの「それ」をお互いわきまえているってこと……それが夫婦関係を長持ちさせる秘訣かもしれませんね。

第3章 アタシの楽しみかた

中途半端が嫌い。
休みのときはほとんどすっぴん。
メイクをするとスイッチが入るから
仕事中はビシッと。

YouTubeで600万回も再生されたので、アタシのすっぴん顔が注目されて世の中に知れわたったけれど、アタシ自身にとってすっぴんは普通のこと。普段、家にいるときは

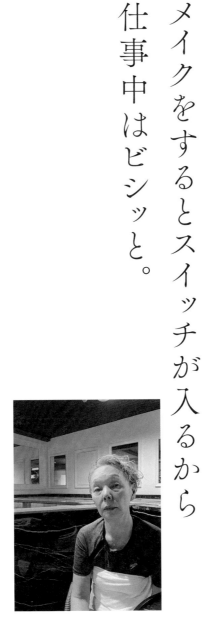

すっぴん。家族でご飯を食べに行くときもすっぴん。で、犬のお散歩で近所を歩くときも、すっぴん……ていうか、部屋着に何かを羽織ったくらいのラフなカッコで歩いていますよ。

新人のころ、事務所の社長に「おまえ、人前に出るときはちゃんと化粧しろ」って言われたんですけど、言うこと聞かないの（笑）。よく、家でも薄化粧するとか、ちょっと外出するときは軽くメイクするとか、そういう女性が多いけど、アタシの場合、それも全くないですね。中途半端が嫌いなんです。

だから、ファンデーションもリップもナシ。完全すっぴん。完ぴんですよ（笑）。ただ、こういう切り替えができるのは、アタシが仕事をしているからで、いつも家にいることが多い方には難しいかもしれませんね。それでも日常生活の中での切り替えは大事。それができれば一日を楽しく過ごせると思いますよ。

忙しい一日の中で、しっかりメイクモードになる時間を少しでも持つこと。それだけで一日の中で気分の切り替えができて、メリハリのある日々を過ごせるんじゃないかな。

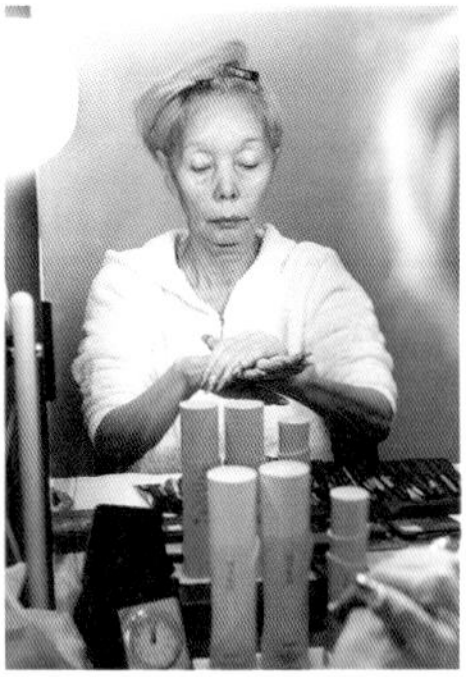

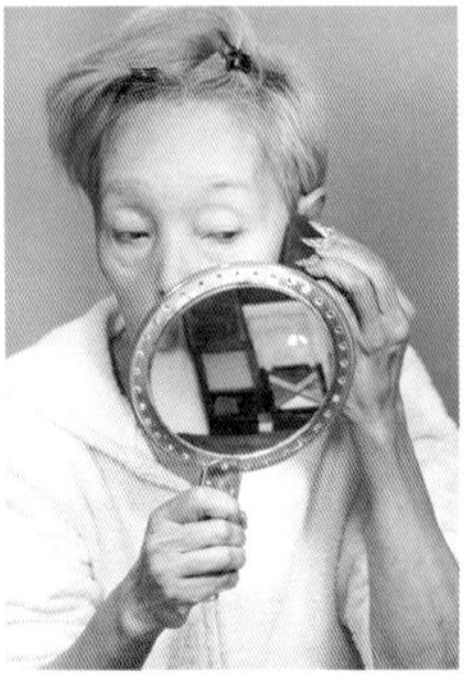

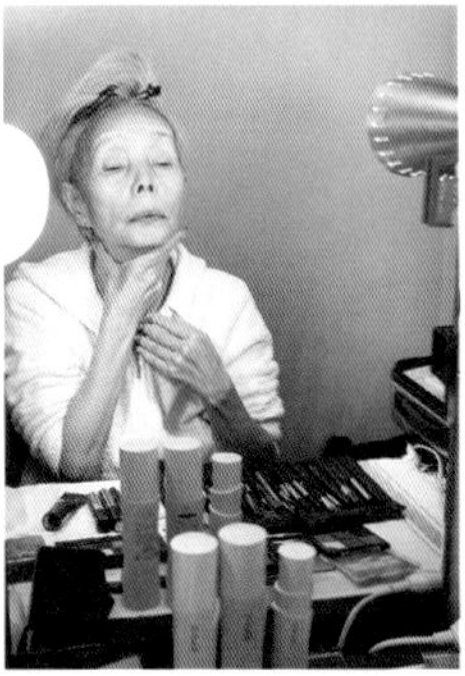
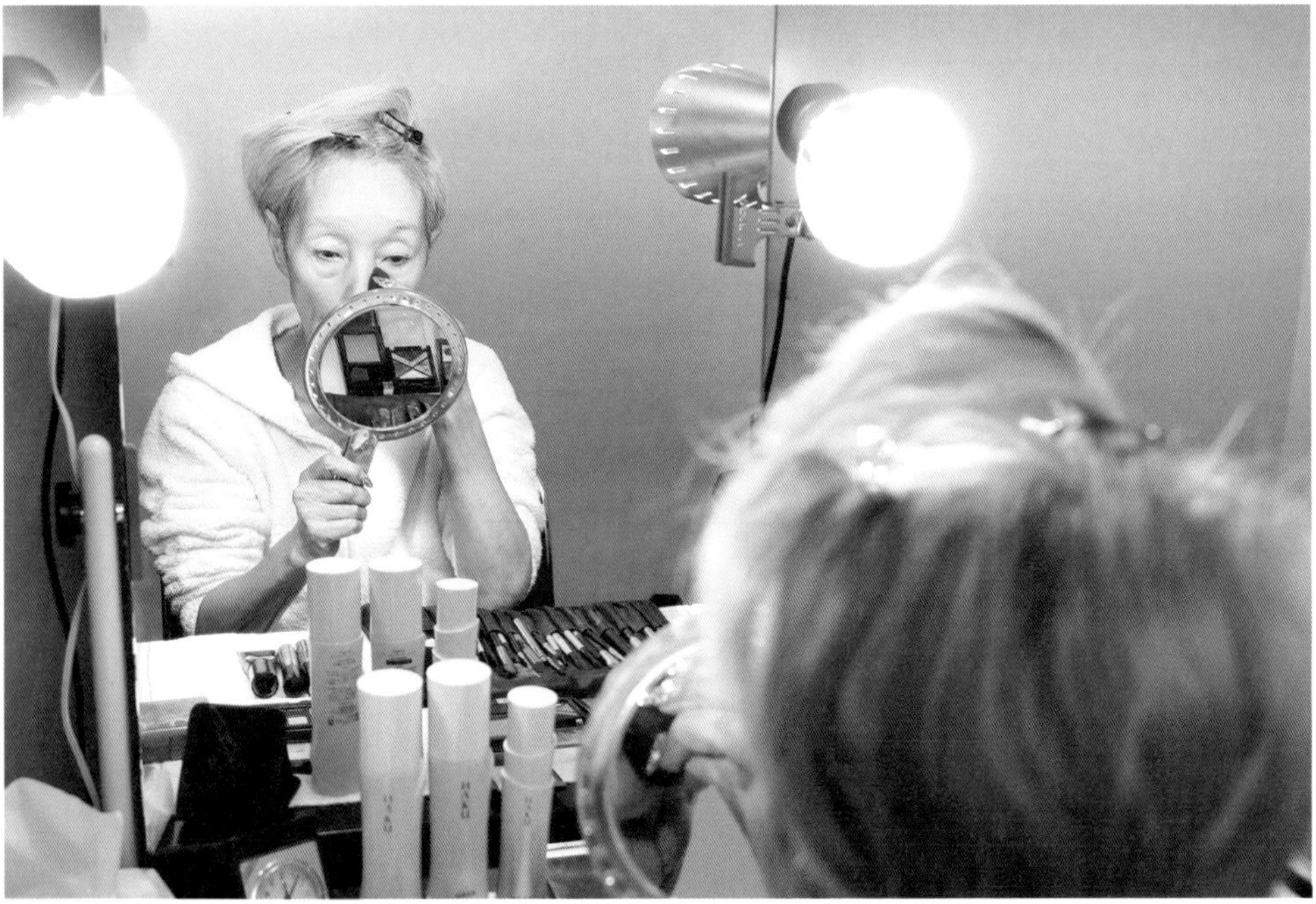

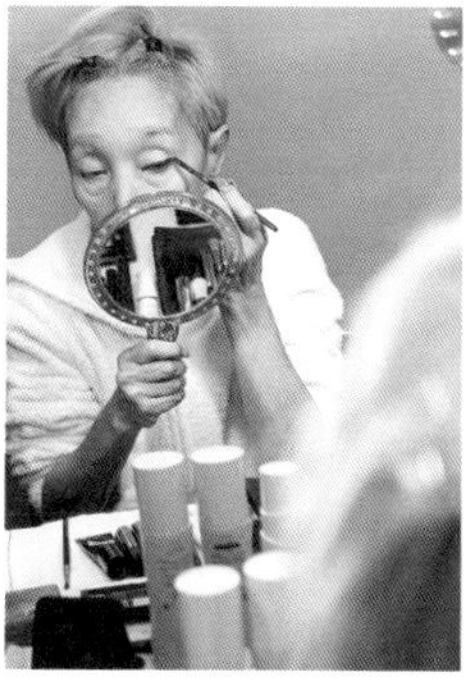

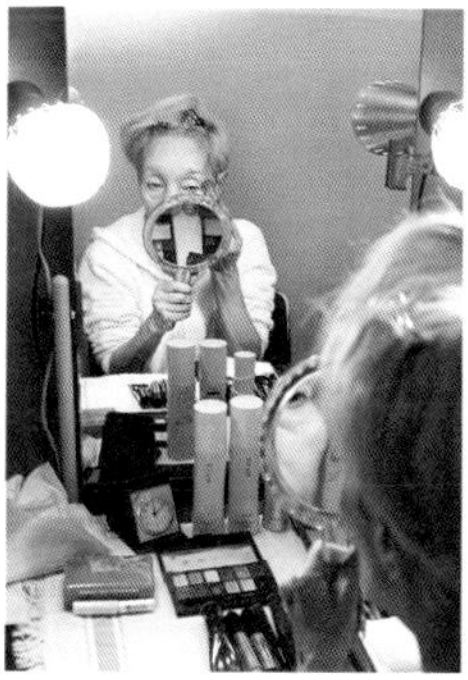
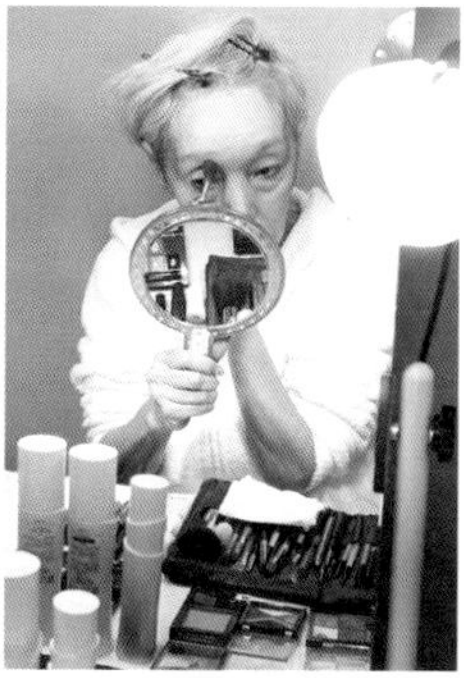

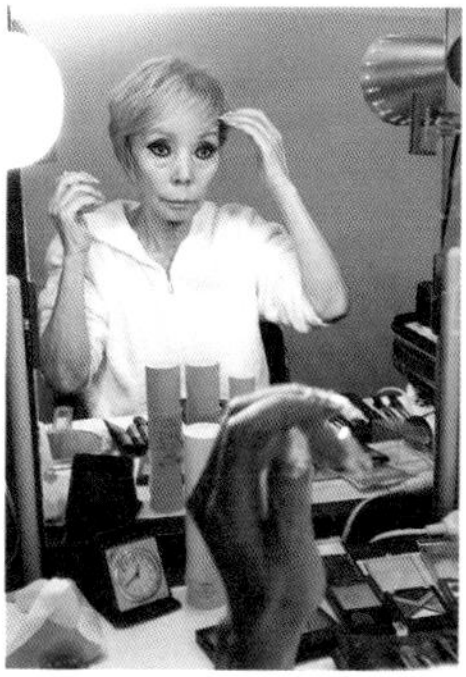

本音を言うと肌のケアやメイクは面倒くさい。保湿だけしてほうっておくのがアタシ流。

お顔のケアを考えるなら、小まめにパックはするべきなのかもしれない……でもね～、大事なのはわかっちゃいるけど面倒くさいのよ。仕事に行けば、いつもヘアメイクさんに「ナオコさん！　ちゃんとパックだけはしてください」って怒られる。本番前にパックすれ

ばメイクものりやすくなるんでしょうけどね。マネージャーにも「ナオコさんっ、たくさんあるから、きちんと使ってくださいね」って、ビシッと言われちゃう（笑）。

仕事中は必ずメイクするから、普段の生活ではお肌を休ませているつもりなんです。とはいえそのままほうっておいてはダメで、ちゃんとケアしてってことですよね。なので少なくとも化粧水や乳液、美容液などで保湿だけはします。本当はパックも顔のマッサージもやらなきゃいけないんですけど、とにかく面倒で……誰かやってくれないかな。エステに行くなら、そのお金でバッグ買いたいし。なんて言ってたらまた怒られる（笑）。

こんなアタシですけど、素肌は子どものころからキレイだったみたいです。お母さんがよく言っていたんです。「ナオコのいいところは、素肌がキレイなところだけ（笑）」って。そんなお母さんも昔はアタシが顔を洗ったあと、必ずオロナインを塗ってくれていたんですよ。それが良かったのかも。とはいえ、これからは心を入れ替えて素肌ケアしてみようかな……でもこれ以上キレイになったら困っちゃうな、誰も笑ってくれなくなるし（笑）。

大事なときはアイメイクだけはきっちりする。でも、リップやファンデーションは塗らない。

普段は完全にすっぴんなんですけれど、これも状況によります。家族だけで食事なんていうときはすっぴんです。でも美川憲一さんにお誘いいただいてラスベガスに行ったときには、「恥をかかせちゃいけない！」って思ったから、きちんとメイクをして行きました。

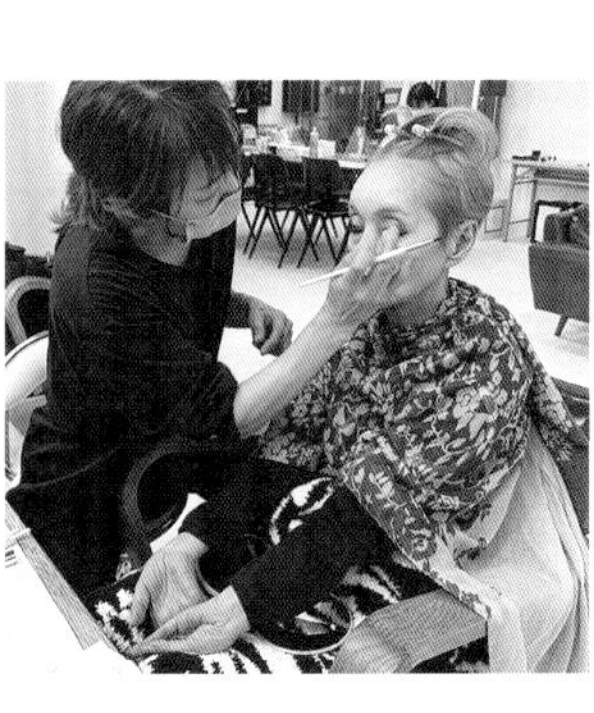

外国のカジノやレストランでは、やっぱりフォーマルなスタイルが基本でしょ。ちゃんとしたドレスを着ているのに顔はすっぴん、メイクなしじゃ、いくらなんでもサマにならないでしょうし。

大事なときに手早くできてキレイに見せるメイクのコツがあるんです。そのポイントはアイメイクだけをきっちりすること。アイメイクだけやっておけばリップは軽くてもいい。逆に、アイメイク以外に手を加えすぎるとドギツクなる。年を重ねるとどうしてもシワを隠そうとするためにガッチリファンデーションで塗り固めたりするけど、それをすると逆に小ジワが目立っちゃう。もしどうしてもファンデーションを使いたいなら、乳液にファンデーションを混ぜて塗ったりと、アタシだったらいろいろ試しながらメイクしたりする。それとあまり顔を叩かないほうがいい。親のカタキか、ってくらいパタパタ叩いている人がいるけど、あれはやめたほうがいいですよ。これがすっぴんをモットーとするアタシの「誰にお会いするにも失礼にならない」メイク方法ですね。

服を人に選んでもらったことはない。すべて自分で選ぶ。服は自分自身だから。

アタシがまだ若いころ、原宿の裏のほうに住んでいたんですけど、服が好きなアタシにとって原宿は夢のようなところだった。歩いている人たちがみんなカッコ良くて、ファッショナブルなんですよ。住んでいたアパートの近くに後年、若い女の子たちのカリスマブ

ランドとして大人気になったブランドMのお店があった。そのお店の前にかわいいイスが置いてあって、いつもそこに座って歩いている人たちを一日中見ていましたね。

　あのころの人たちはみんな個性的で、一人として似たようなカッコをしている人はいなかった。で、よく見てみると自分でその服に手を加えて、世界にひとつしかない自分だけの服にしているわけ。まだラフォーレ原宿ができる前ですからね。小さくてもおしゃれなお店しかなかった気がする。そういうお店で買ったジーンズにちょっと手を加えてはいていたこともありましたね。昔から人と同じっていうのが嫌だったから、着る服も自分だけのものにこだわっていた。自分がいいと思ったものしか着なかったので、最初からスタイリストさんはつかなかったし、ステージ衣装も自分で選んでいたの。だからなのかもしれないけど、ファッション雑誌などに載っているコーディネイトを、そのまま買っていく今の若い世代の感覚はわからない。もっと自分の個性を出したほうがいいんじゃないかな。もちろん若い世代ばかりではなく、アタシたちの世代ももっと自分を出すべきだと思うわ。

家着っぽいジャージ姿でも、ショールをさらっと巻けばどこにでも行ける。

普段のアタシは自他ともに認める超インドア人間。「今日は体を動かしていないから、ちょっと散歩でもしつつ、カフェにでも行くか」なんておしゃれ感は全然ありません（笑）。いつも仕事でバタバタ動きまわっているので、休みのときぐらいはって徹底的にだらだら

しています。そうは言いつつも、「ちょっと近所まで買いものに行こうかな」なんてこともある。そんなときに手軽に利用できるのがショール。アタシの数少ないワードローブの中でも、比較的バリエーションを多く持っているファッション小物ですね。なんでショールなのかって？　それはもちろん何かにつけて便利だから。

例えばいかにも家着感の漂う白いジャージの上下みたいな、極力リラックスできる姿でいることもありますよね。でも、家の外に出て買いものに行くなんてときは、いくらなんでもそれじゃどうかって思うわけ……あ、それはウソか（笑）。アタシはそれでも別に構わないんだけど、ダンナたちが「お母さん、いくらなんでもそのカッコは……」ってうるさいんですよ。とはいえそんな数分程度の外出ってときに、いちいちクローゼットから引っ張り出して正装するなんて面倒でしょ。だからそんなときには、一枚のショールがあれば事足りるってこと。

ジャージの上にダウンコートを羽織りつつ、その上からちょっと派手めのショールをラ

フに巻いて出かければもうそれでコーディネイトOK。「ショール一枚でいろんなことがごまかせるから、ショールは何枚持っていてもいいのよ」っていうのがアタシ流。このトシになると首のシワとかも気になるけど、そういうのも隠せますし、すっぴん顔も隠せる……ってそんなわけないし、その気もない（笑）。

ラグジュアリーなものにほとんど執着はないけど、車にはこだわってきた。やりたいことはやったほうがいい。

ぜいたくなものにあまり惹《ひ》かれないアタシが、それでも欲しいと思って買ったのが車。ちなみに最初に手に入れた車がカマロ。免許を持っていないのに買っちゃったんですよ。その当時、原宿に住んでいて、よく行くお店のお兄ちゃんがいいやつでね……運転は彼に

お任せ（笑）。あれから50年、今日までに30台以上は乗っていると思います。外国の車が多かったですね。カマロからベンツのシリーズを続けて乗っていたんですけど、実は一度もハンドルを握っていない。それって自分でも「どうなんだろう」と思いますけど（笑）。

そんなアタシの車好きは父親の影響かもしれないですね。実家では母親を中心に農業をやっていて、父親が兼業でトラックの運転手をして全国を回りつつ、たまにうちの仕事を手伝ってくれていた。歌手になりたいから東京に行く！　そんな父親が乗っていたのが、いすゞのヒルマン。オールドファンなら知っているでしょ。え？　知らないって？　いい車なんだけどなぁ（笑）。

ちなみに今は、キャンピングカーが気になりますね。展示会なんかに行くと、楽しくてじっとしていられなくなる。70歳過ぎたらキャンピングカーで海辺まで行って、思いっきりスキューバダイビングをするって考えただけでもワクワクする。後悔することのないように、自分のやりたいことはできるだけやっておきたいですよね。

「そんなにバッグ買ってどうするの」って娘に叱られるけど、好きなんだからしょうがないし、我慢しない。

売りもの、自作問わず、アタシがバッグ好きなのは家族をはじめ仲のいいお友だちなら皆知っている。「いいな」って思ったら欲しくなっちゃって、いてもたってもいられない。箱から出してなくてそのままにしてあるのがいくつあることか……数えるのが恐ろしいで

すよ（笑）。娘と歩いていても、ショーウインドウに飾ってあるバッグが少しでも気になるとすぐに見に行っちゃって、その度に娘に叱られる（笑）。でもね、アタシの道楽っていったらこれくらいなんだからいいでしょ！　って言い返すんですよ。「好きなものは好き」と言葉にしておくことが大事よね。

ちなみにこだわりのバッグブランドがあるってわけではないんですけど、エルメスや、シャネルはやっぱりいいと思ってしまう。ヴィトンはちょっと若い人向けになったかな。先日、美川憲一さんとお会いしたとき、アタシが着ていた服を見て「ナオコにぴったりのバッグがあるからあげるわ」って。買ったばかりで一度も使っていないバッグが目の前に……アタシがバッグを好きだっていうことをご存じなのでいつも気にかけてくださっていることに恐縮しつつ、しっかりいただきました（笑）。やっぱり日ごろから、好きなものは口に出しておくことですよ。言葉には「言霊《ことだま》」があり、発した言葉通りの結果をもたらすなんていいますしね。

買いものをするなら波長が合うところで。ホームセンター、ドン・キホーテがお気に入り。

ＤＩＹが好きだとか、ガーデニングに凝っているというわけではないんですけど、ホームセンターが大好きなの。日常生活で必要なものはすべてと言っていいくらい揃っているから、ＹｏｕＴｕｂｅをやるようになってからますますハマりましたね。ＹｏｕＴｕｂｅの

動画用に屋上でダンナとテント張ってキャンプごっこしたり、さらにそこでバーベキューしたりっていう撮影をするときは、当たり前ですけどそのものズバリの実用的なものが必要になるじゃないですか。そんなときはやっぱりホームセンターが一番。使いやすいものを気取らずにしっかり売っているお店のスタンスが、すっぴん大好きな自分と波長が合うってことかもしれない。

そういうことって何も人相手だけの話じゃない。好きなバッグを買うときは、アタシのことをよくわかってくれる近くの洋品店に行くことにしていますし、つけまつげやアイライナーなんかも「銀座あたりの高級店で買うんですか？」ってたまに訊かれるんですけど、そんなわけない（笑）。アタシがよく行くのはドン・キホーテ。だって、安いし種類もたくさんあるから、つけまつげなんかを大量買いするにはうってつけ。買いものに大事なのは、波長が合うか、合わないか、じゃないかな。やっぱりアタシはぜいたくなものにあんまり興味が湧かないんですよ……とか言いつつも、たまに欲しくなりますけど（笑）。

趣味はのめり込むほど気持ちがいい。「ほどほど」では味わえない感覚がそこにはある。

アタシが数年前に凝っていたのは紙バンドでのバッグ作り。人に教えられるレベルまでいきましたし、作りかたの本も出させていただきました。そして最近ではマスク作りにハマっていました。コロナ禍のときに仕事がキャンセルになって何もすることがなくなり、

いきなり思いつきで始めて、いろいろな柄のマスクをたくさん作って知り合いや友だちにあげたりしていました。アタシ自身は自覚がないんですけど、マネージャーには「何かに取り憑かれたようにマスクを作っていましたよね」って言われましたね（笑）。

自分の趣味に対してアタシは常にワ～ッと燃え上がるけど、鎮火するのも早いんです。そんなアタシにとって変わることのない一番の趣味は？　って訊かれたら、それは仕事って答えるでしょうね。なんといってもこのトシまで50年以上も続いているし、何よりも仕事しているのがとにかく楽しいんですから。歌うことは子どものころからずっと好きですし、志村けんさんのコントや梅沢富美男さんとやらせてもらっているお芝居も、ド派手にメイクして「これでもか！」っていうくらいのめり込むことで、心の底から楽しいと感じるんです。きっと「それなりに、ほどほどに」仕事をしていたら、アタシも楽しくないし、お客さまにも面白さが伝わらないんじゃないかな。このまま年を重ねても「一番の趣味は仕事」って言えるアタシでいたいと思います。

「いいもの」に出会うと、いきなりスイッチが入る。古いも新しいも、時間も場所も関係ない。

全国のファンのみなさまや仕事関係の方々から、いろいろなものをいただくんです。メイク用品とか、ヘルスケアグッズとか、各地方の名産品とか……食べものをいただくことも多いから、それだけで生きていけちゃう（笑）。例えば、新鮮な生卵と手作りのお漬物。

正直アタシはこれだけで大満足。三食それだけでもOKなくらい。でも、たまにいきなりおいしいものが食べたくなったりする。そんなときはとりあえずおいしそうなものが食べられそうな、ダンナの仕事関係の豪華な食事会なんかに突然乱入して、目一杯ゴチになったりします（笑）。そんなときダンナも喜んで動いてくれるんです。

アタシの場合、こんなふうにスイッチが入ってまっしぐら、ってことがよくありますね。それは古いも新しいも、時間も場所も関係なくいきなりやってきます。例えば音楽ならば昭和のムード歌謡。今、ガッツリハマって聴いています。こういうのはいつ聴いてもやっぱりいい。「いいもの」は時代も超えるんですよ。ちなみに今、アタシはある歌手の大ファンなんです。この間もYouTubeで聴いていたらいてもたってもいられず、名古屋までコンサート観に行っちゃいました。完全に追っかけミーハーですよね（笑）。他のお客さんといっしょにペンライト振りたかった……。アナタも「いいもの」に出会ったときには、ためらわないほうがいいですよ。何もしなかったときの後悔は、後を引きますからね。

アタシのライフスタイル？ ライフはあるけど、スタイルはないかも。

アタシにはライフスタイルってものがないんですよ（笑）。いきなり何それ？　って感じでしょうけど、自分ではそうとしか思えない。もちろん、「ライフ（命）」はありますよ、生きているんですから。でも「スタイル（様式）」って言葉に思い当たるものがないんだ

なぁ。そもそもライフスタイルは「（人生観や習慣などを含めた）生活様式、生活のしかた」っていう意味なんですって。なんか難しいけれど、アタシは単純に衣食住、おしゃれな暮らしのことだと思っている。そこにこだわりはない、ってことなんですよね。

もちろん日々の暮らしの中で好きなことはありますよ。お花が好きでガーデニングらしきこともしますけど、それは水をあげたり枯れ葉を取ったり、当たり前のことをするだけ。服ももちろん好きですが、どこそこのブランドじゃなきゃダメとか、有名セレクトショップでしか買わないとか、そんなこだわりも一切ないです。地元の洋品店で「いいな」というものがあればそれで充分。

普段の休みは一日中ソファーに座って、テレビ眺めたり、音楽聴いたりしています。で、たまに犬の散歩に出るくらい。いや、それもしないか……。あるとき、スマホの歩数計が3歩ってことがありましたよ（笑）。もちろんスマホをテーブルに置きっぱにしておいたからなんですけど。それにしたって散歩じゃなくて3歩ってシャレにもならない（笑）。

自分のセンス、美意識を信じること。そこから自分の生きざまができあがる。

２０１８年に亡くなられた樹木希林さんとは、アタシがデビューして間もないころに出させていただいたドラマで初めてお会いしました。一度ゲストで出させていただいて以降、アタシはそのドラマのレギュラーになり、由利徹さんの娘役として出演しました。当時の希林さんは悠木千帆という名前で活動されていて、まだ30歳くらいだったかと思います。「なんて自然なお芝居をなさる人なんだろう」って、いつも感服して拝見していましたね。

「怖い人だ」なんて噂も聞いていたりしたんですけど、アタシはとても優しくしていただきました。

希林さんは「ナオコちゃん、これあげる」って洋服をくださるんですよ。黒っぽい男物のような感じの、すごくおしゃれな古着をどこかで調達されて、ご自分なりに手を加えてくださったんでしょうね。「あんまりお金はかけたくないし、もったいないでしょ」って、よくおっしゃっていました。アタシもこういう黒っぽい服が好きだったから、すごく嬉しかったですね。

希林さんの唯一無二の生きざまは、ご自分のセンスや美意識を信じることでできあがったものじゃないでしょうか。他人の言葉や視線にいたずらに惑わされることがなかったように思いますね。自分の美意識に自信を持ってこだわり続けるという感覚は、アタシにも少なからずあります。そういうところは希林さんから無意識のうちにアタシも受け継いでいるのかもしれません。

突き抜けて失敗してもいい。
失敗すれば原因がわかるから
次につながる。

昔からよく言われていることだけど、お客さまを「泣かせる」ことより「笑わせる」ほうがはるかに難しい。舞台やTV番組でコントをたくさんやらせてもらったけど、人を笑わせることは本当に難しいなぁと思いますよ。以前ある人から「笑わせているのではなくて、笑われているだけだ」なんて言われたこともありますけど、笑われようがなんだろうが、まずは笑ってもらってナンボの世界。ウケなかったときの辛さといったら……そりゃもうアナタ泣きたくなりますよ、マジで。

「あ、このコント失敗したな〜」ってときは、お客さまの反応を見ていればすぐにわかる。撮影スタジオでやっていても、うまくいかなかったコントだとスタッフの反応がにぶい。もちろん経験を積んでいくことで、ウケないコントをアドリブで強引に笑いに持っていく力業を覚えましたけど、まだ経験の浅い若いころは舞台の上で立ちすくんじゃっていた。これがテレビならやり直しできたりもしますけど、そこに甘えると気が緩んじゃうのよね、だから最近のタレントは……って、イカンイカン、ジジイの説教みたいになっちゃう（笑）。

うまくいったコントをあとで見てみると、やっぱり思いきって突き抜けているなあって思いますね。ここまでやるか！　って感じ。例えば志村けんさんのバカ殿に出たときの、アタシのメイクを見ればわかるでしょ。余談ですけど、あのバカ殿のメイクは自分でやっているの。プロのヘアメイクさんは「私にはできません」って拒否（笑）。逆にプロだと、気を遣ってくれてあそこまでは突き抜けられないのよね……そう、中途半端はダメよ。面白くない。こういうのもやっぱり失敗を経験してわかったこと。失敗を怖がっていると、結局、失敗する前に終わっちゃう。それじゃ何も進歩はないわよね。アタシに言わせれば、失敗って失敗じゃないの。成功のモトなのよ。え？　そんなことは昔から知っていたって？じゃ、そこでためらっているアナタ、今から速やかに実行に移しなさい！

第4章 アタシの働きかた

「好感度を良くしろ」。デビューしたころに事務所の社長から言われた。それって何？って感じ。いまだによくわからない。

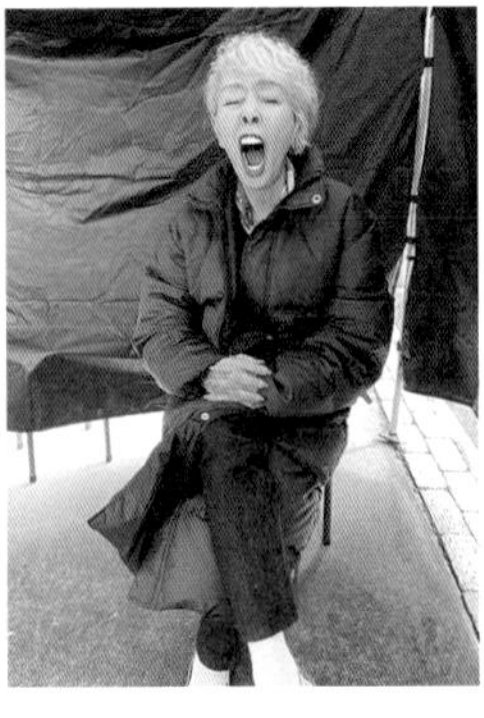

好感度の高いタレントランキングなんていうTV番組のコーナーや雑誌の記事が増えたみたいね。今ではそんなことは当たり前になっていますし、それどころか世間の人々や、子どもたちのあいだでも使われるようになっている。言葉の意味くらいはアタシにもわか

ります。でもそれがアタシにとってどういうことなのかがいまだに理解できないんですよ。

周りのスタッフに訊いてみるんですけどピンとこない。そしたら若いスタッフが「より多くの人から好かれるようになることです」って。要は見ている人に良く思われろってことなんですよね。つまりそれはより多くの人にそう思われると仕事が増えていって、高いギャラでCMも来ますよってことですよね。そりゃ無理だわ。そもそもそんなこと、アタシにできるわけがないじゃない（笑）。

すべての人によく思われようなんて無理でしょ。その人を好きな人もいれば嫌いな人もいるのが当たり前。その振り幅が大きければ、より個性的なタレントであるという証し。これって芸能界だけのことではないと思いますよ。少なくても強力な味方はかけがえのない存在。それ以外の人たちはアタシにとってはその他大勢。可もなく、不可もない存在。それでいいんですよ。アタシ自身も誰かにとってはその他大勢なんでしょうし、みんなに好かれるなんて無理なこと。それは欲張りってもんです。

物事は突き抜けるからこそ面白い。自分が楽しくないと周りも楽しくならない。

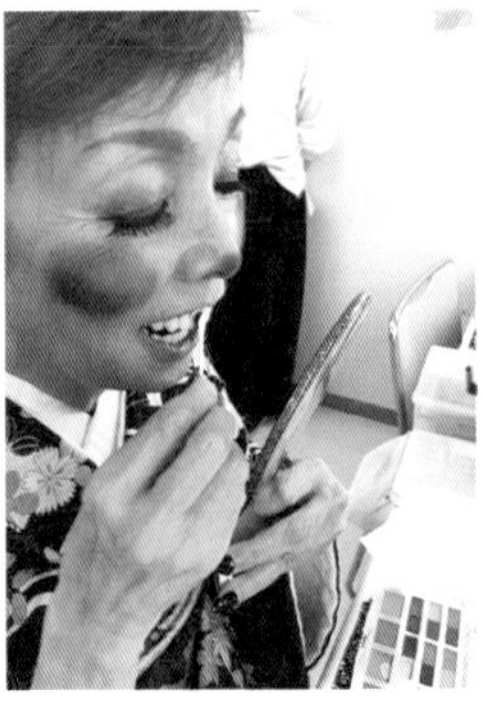

アタシは自分を歌手でコメディエンヌだと思っているんだけど、どうやらお笑い芸人だと思っている子どもたちも多いみたい（笑）。最近はＹｏｕＴｕｂｅで昔の映像を見ることができるでしょう。だから子どもたちが、アタシと志村けんさんのコントを見て大笑いして

いるらしいのね。小学校でアタシの昔の「なまたまご〜」が流行っているんですって。で、あのコントってお互いすさまじいメイクしてやっているでしょう。あれはけんちゃんもそうだけど、やっているアタシ本人が一番楽しんでいる。そうじゃないとあそこまで突き抜けられない。突き抜けるから面白いのよね。バカバカしくてやってらんない、みたいなネガティブな気持ちがあったら絶対に面白くならない。

とくに子どもはすぐわかっちゃう。ごまかせない。例えばお料理が一番わかりやすいと思うけど、とりあえず食わせておけば騒がないし（笑）なんて気持ちで作った料理は、おいしくないでしょ。あとから子どもにも言われるの。「かあちゃん、あれイマイチだった」なんて。ダンナは言いませんよ。ていうか言わせません（笑）。でも作っているアタシが自分もおいしいものが食べたいと思って作ったものは、やっぱりおいしいものなのよ。精神的なことだけど、年を重ねるにつれ、そういう気持ちが希薄になるところがある。でもね、せっかく何かするなら自分がトコトン楽しまなくちゃダメですよ。

いくつになっても
素直に人の話を聞くことが大事。
斜に構えたり、不遜な態度は
自分が損をするだけ。

アタシの世界は一言で言って「売れてナンボ」。売れさえすれば、何歳だろうと周りがほうっておかない。そうやって若いころから大人に交じっていろんな経験をしていると、当の本人も気がつかないあいだに、一人前気取りになってしまうことがありますよね。常識もわからない子どものころからチヤホヤされちゃうから無理もないと思いますけど、たいした経験もないくせに自分勝手なやりかたをして、あげくの果てに周りの先輩の話を聞かなくなる。ここまで来ると干されることになっちゃうんですけど(笑)。

こういう自分勝手で、横柄な人って、アナタの身の周りにもいたりしませんか? 酸いも甘いも噛み分けたって態度、世の中の裏も表も知っているような顔でふんぞりかえっている。あくまでもアタシの個人的な印象ですけど、こういうタイプは人の言うことを素直に聞かないことが多いですね。逆に、どんな業界でもしっかり生きていて世の中に認められているような人は概ね謙虚で、ちょっとしたことでも人の話も素直に聞いてくださる。アタシだけじゃなく、周りの方々までさわやかな気持ちにしてくれる。

先日、ある雑誌の取材を受けたときのこと。インタビュアーの女性はキチッとしたカッコで印象は悪くなかった。彼女の上司の男性もスーツにネクタイ姿でちゃんとしている。この業界は初対面なのにジーパンで来たりする人がいますからね。悪いわけではないけどTPOがあるでしょ。でもそのスーツの上司のマスクがちょっとだけずれたら、マスクの下が無精ヒゲだらけなのよ。これって、マスクしているからいいってもんじゃないわよね。「ヒゲ剃ったほうがいいんじゃないかな～」ってゆる～く言ったの。そしたらその人、すぐさまトイレに駆け込んでヒゲを剃ってきたの。あわてて剃ったみたいで、ヒゲ剃り跡に血がにじんでいてかわいそうだったけど(笑)。彼は50歳くらいだったかな。でもこれだけで彼の印象は大逆転。「またいっしょに仕事してもいいかな」って思うもの。

トシをとると頑固で偏屈になりやすいって言われたりしますよね。でも、自分のために言ってくれているんだな、と思えば素直に耳を傾けられるはず。それを心がけるだけでも人間関係が良くなること間違いなしよ。

良好な人間関係を作るには、年上でも年下でもその相手に敬意を払うことを忘れてはダメ。

アタシぐらいのトシになると芸能界でもベテランの部類に入るのかしら……もう50年以上もこの世界にいますから、先輩はもうほとんどいない、ってそんなわけないか。大事な先輩の数を減らしてどうする（笑）。でも、実際にアタシが子どものころに憧れていた歌手や役者さんも本当に少なくなりました。現場で出会う人たちのほとんどは年下ばかりです。

最近、そんな若いタレントさんたちと仕事でごいっしょすることが多いですね。上下関係が厳しい世界だと思われていますけど、お互い敬意を持って接していれば問題はないんですよ。もちろん「先輩だから」って威張っていたり、横柄な態度をとる人もいますけど、そんな人を見ると、「イヤだなあ。あんなふうにはなりたくないな」っていつも思いますね。

アタシの周りにも年下で気の合う人はいます。バラエティ番組の収録で初めて会って、仲良くなるなんてこともありますよ。20歳そこそこの彼らがTV番組ではアタシにタメ口きいていますけど、裏に回れば礼儀正しい人ばかり。アタシもそういう人にバリアを張ることはしないから、すぐ仲良くなれる。その場でLINEとかの交換もしちゃいます。

こういう関係を作るには、大前提として年齢の上下にかかわらず、相手に敬意を持って接すること。それだけでどんな相手でも親しくなれる。だいたいトシが違うだけで、相手を上から見下ろしたり、下から見上げたりする関係って窮屈だし、面白くないわよね。

「すべてお任せします」って態度なのに任せない人がいる。それがトラブルのもと。

70歳近くにもなると、周りのみなさんが思いっきり丁寧に扱ってくれちゃう。アタシ自身はそんな気持ちはサラサラないんですけど。例えばコントのときのメイクにしたって、プロのヘアメイクさんは、思いきったデタラメメイクはできないのよね。遠慮しちゃうの。

「そんなメイクをすることはできません！」なんて。だから自分でやることになる（笑）。最近、あるCM撮影で特殊メイクをすることがあったんです。そりゃあもうすんごい顔になるんですよ。だからスタッフ、関係者のみなさまがかわいそうなくらい緊張していて、アタシに一生懸命そのCMの趣旨を説明してくれるわけ。

でもそんなときは「はい、OK。すべてお任せします。好きにいじってください」って宣言するの。そうじゃないとみんながいいと思うものにならないでしょ。はっきり言わないと周りは遠慮しちゃうもんなのよ。とはいえそういうことって「お任せします」って態度でいるのに、あとになってガヤガヤ口を出す人が少なくないからだと思いますね。まな板の上の鯉になれていない。「任せる」と言ったら、100％任せる……これはどんな世界でも大事なこと。「任せる」って重い言葉だと思うんです。だって、相手のことをすべて信用するってことですから、信用されたほうもハンパないプレッシャーですよね。でも、こういう緊張関係もときには必要なんじゃないかと思いますよ。

若いころはいじめっ子たちに向かっていった。今では相手にしないことができるようになった。

「弱いものいじめをするヤツが許せない」ってこと。これはアタシの持って生まれた性分だから変えようがない。昔からいじめっ子って男子も女子も皆つるんでいるんですよね。グループになって、一人の弱い子どもをいじめる。仲間がいなければなんにもできない。

アタシに言わせればズルい連中ですよ。こういうことに対して見て見ぬふりをしたくないから、いつも多勢に無勢。べつにカッコつけているわけじゃなくて、ただ黙っていられないのね。ただ、困ったことにこの性格が、大人になってもあんまり変わっていない（笑）。怖い先輩から理不尽な意地悪を受けている若い人がいたりすると、つい一言出ちゃうのね。「ちょっとアナタさ……」って。それで事務所の社長に「お前な、人様の事情に突っ込むのもたいがいにしとけよ」って怒られる（笑）。

アタシのこの性格は変えようがないけど、年を重ねるにつれて、少しだけ上手に自分をコントロールできるようになった。若いころは孤立無援、いつも臨戦態勢。すぐに相手の土俵に上がって、痛い目にあったりもした。でもあるときバカらしくなって、相手にしないことができるようになった。それはきっと、本当のアタシをわかってくれる人が増えたことを意識できるようになったからだと思う。だから今辛いと思っているアナタも、一度自分の周りをゆっくり見渡してみて。近くに誰か必ず見ていてくれる人がいるはずだから。

「大変ね〜」って慰めの言葉よりも、「よくよすんな！」って励ましの言葉が嬉しい。

アタシ、実はけっこう満身創痍なんです。年を重ねて、自分の体と相談しながら仕事をするようになったんですけど、一度スイッチが入っちゃうと、ほどほどに、ということができない。コントをやっているときのメイクを見てもらえば一目瞭然ですけど（笑）、やっ

ぱり突き抜けなきゃ面白くないと思っちゃう。それで頑張りすぎちゃった結果、大腿骨を骨折しちゃったんです。

梅沢富美男さんとごいっしょさせてもらっている舞台でのこと。第1部の喜劇の場面、舞台で転んでポキッ！　ってひと折れ。梅沢さんに抱きかかえられて舞台袖に下がったときは激痛で目の前が真っ暗になりましたが、それより何より舞台に穴をあけてしまうこと、お客さまにご迷惑をかけてしまうことで頭が真っ白になって、泣きたくなりましたよ。

右大腿骨頸部骨折で全治3ヶ月……早く復帰しなければという気持ちで、3ヶ月かかるはずのリハビリのメニューを、決まっている仕事から逆算して1ヶ月で間に合わせました。気合いを入れて必死にリハビリに取り組んだ結果、1ヶ月で、しかも杖なしで歩けるようになったんです。

人間必死になればいくつになってもできるもの……とはいえこういうときに大事なのは周りからの励ましの言葉。入院していたとき、ネガティブなことをいろいろ考えてしまい、

精神的に暗くなってしまったので、大変失礼とは思ったんですがお見舞いをお断りしていたんです。それでもお見えになられる方々は「大変ね～」「もうトシなんだから気をつけないと」「無理しないようにね」って、口々に慰めの言葉を言ってくださる。ただそんなふうに言われるとどうしても後ろ向きになってしまうというか、「あ～アタシもういいトシだし、そんなに頑張らなくてもいいか」なんて気弱になってしまうこともありました。

むしろハッパかけてくれるような励ましの言葉のほうが実はとても嬉しい。「くよくよしてないで、またいっしょに仕事しよう！」なんて言われることが一番のお薬なんです。お見舞いに来てくださったファンや仕事仲間、病室の中でさんざんアタシを笑わせてくれた上に「またガンガン仕事しようね」……その一言でアタシのスイッチを入れてくれました。いくつになっても目的を持つことが、前向きに生きる秘訣だと思いますよ。

アタシの健康法は、無理せず、我慢せず、信頼できる相手に自分を晒すこと。

若いころから片頭痛に悩まされたり、甲状腺の異常が原因で橋本病になったり、ポリープができて声が出なくなったり、けっこう痛い目を見ているんですよ。でもそう見えないでしょ（笑）。……それはね、我慢しちゃってたから。アタシって昔から「もうダメだ」と

思うまで我慢するタイプだったのね。だから周りから「何かあってからじゃもう間に合わないんだから、早く言わなきゃダメ！」っていつも叱られていたんです。「もうトシなんだから無理はしないで」ってことなんでしょうけれど、生まれ持った性格はなかなか変えられないもの。足を骨折したときも他人の3倍のリハビリをこなして1ヶ月で舞台に立てるようになりました。

片頭痛も橋本病も治ったわけではないんですよ。一生つきあっていく病気だと受けとめているの。だからあるとき決めたんです。これからは無理をしない。我慢をしないって。辛いと感じたらどんなときでも弱音を吐くことにしたんです。口に出せば少しは気が晴れますから。ただし、誰でもいいってわけではありませんよ。信頼している人にだけ、自分を晒すの。アタシだったらダンナや長年つきあっているマネージャー、そして子どもたち。自分がちょっとでも体調が良くないなあと思ったらすぐに口に出す。そうすれば周りがケアしてくれますからね。これが健康を維持する秘訣かな。

体を冷やすことが健康の大敵。とくに高齢者は体をいつも温かく保つことね。

いきなりビロウな話で申し訳ないけど、アタシ、ずーっと便秘だったんですよ。けっこう長いあいだ悩まされていました。漢方とかいろんな薬を試したりしましたよ。でも強い薬じゃないとしだいに効かなくなってくる……それが怖くって薬は飲まなくなりました。

年を重ねるにつれ、腹筋あたりも弱くなってくるでしょ。だから、ますます出ないのよ。出ないままだと出口にあるヤツが硬くなるでしょう。ホントに苦しいんだから。ようやく出たときは心の底からすっきりしたけど、もうケツがやぶけるかと思いましたよ（爆笑）。

でも笑いごとじゃないんですよね。これで今度は痔になっちゃう人もいるんです。とくに年を重ねると、水分をあまり取らなくなるでしょう。「大変なことになっちゃったらどうしよう……」なんて悩んでいたとき、娘に勧められて白湯《さゆ》を飲むようになったんです。そうしたら便秘から解放されましたから、これが正解だったみたい。

今は朝起きたら、すぐに白湯を作ります。体温くらいの温度がちょうどいい。朝イチの一杯が大事なんです。白湯によって蓄積された悪いものが流される気がする。いわゆるデトックス効果ですね。みなさんも水分を取るなら白湯がおすすめですよ。やっぱり体を冷やさないことが健康の秘訣ですからね。そういうことでダンナにも勧めているんですけど、彼の場合、白湯ではなくお湯割りになっちゃう……それはしょうがないわよね（笑）。

69歳でダイビングのライセンスを取得しました。次は30m以上潜れるライセンスに挑戦するつもり。すごいって？　いや、普通ですよ。

あるテレビ局の人とのリモートでの打ち合わせがひと通り済んだあとに、向こうから「ところで、今ナオコさんが一番やってみたいことって何ですか？」なんて訊いてきたの。すぐにアタシは「ダイビングのライセンスを取ること」って答えたんですよ。そしたら

「それ番組にしましょう！」って一瞬で決まっちゃったのね。

アタシが住んでいたのは静岡の山のほうだから海はないんだけど、キレイな川があって、よくお兄ちゃんたちとそこで泳いだりしていたんです。だから泳ぎは得意だし、水も怖くない。なんたって子どものころのあだ名が「カッパのナオちゃん」ですから（笑）。

だからダイビングのライセンスを取るっていう企画が決まったときは「やったー」って感じでしたよ。現場ではインストラクターの指導で海中でマスクを外したり、レギュレーターといって口にくわえているヤツを外して、また着けたり。そんなトレーニングをするんです。で、海から上がると、堤防でアタシと同世代のご夫婦がこっちを見てらっしゃって、「ダイビングですか。すごいですね」って感心しているの。きっとその年齢でチャレンジするの？　っていうことに驚いているのね。でもね、何かを始めるのに年齢は関係ないの。ホントにそう思う。「自分はもういいトシだから」って言っていたらダメよ。アタシなんかやりたいことがいっぱいありすぎて、もうとっちらかってるわ（笑）。

歌っていようと笑われていようと、子どもにとってアタシはただの母親。だから母親として全力を尽くすだけ。

アタシは34歳で長男を、36歳で長女を出産しました。ちょうど仕事が忙しい時期だったので、「家族のために」という思いで休みなく働いていました。しかし「好事魔多し」ってことなのか、子どもたちをベビーシッターに任せていたのが悪いほうに出てしまいました。

あるときからアタシが出かけるってなると、子どもたちが異常に泣くようになったんです。「早く帰ってくるからね」って言っても泣きやまない。おかしいと思って話を聞いたら、当時のベビーシッターから乱暴に扱われていたことがわかりました。そしてそのときに、「子どもを守れるのはアタシしかいない！」ってはっきり認識できたんです。

すぐにダンナと相談して仕事を減らしました。当分は子どもたちのために時間を作ろうと決意して、お弁当作りや送り迎え、保護者会にも出るようにしつつ、お母さんたちとのコミュニケーションも増やしました。他の子どもやママたちとの情報交換も積極的に行ったんですけど、それが子どものためだけでなく、自分自身にもプラスになっていることに気づきました。ちょうどこのころは芸能人への取材が過熱していた時期で、アタシと同じ歌手やタレントのご家族が好奇の目に晒され、日々の生活にも支障が出始めていました。でも子どもたちにとってアタシは歌手、タレントである前に、彼らのたったひとりの母親なんですよね。そのことを自覚したあの日のことは、今も忘れられませんね。

自然体が一番いいんです。
無理は禁物。
体も心も
すっぴんでいることが大事。

コロナ禍のとき、仕事が激減してヒマになったのね。でも、そんなに深刻になったり、落ち込んだりしなかった。アタシはもともと、「なるようにしかならない」って考えるタイプだからかもしれません。逆にヒマだから忙しいときにできないことをしようってタイプ。

ということで気軽な気持ちで始めたのがYouTube……といってもアタシにはやりかたがさっぱりわからない。そこで子どもたち、ダンナとマネージャーがこっそりつるんで、企んだ結果、できあがったのがあのすっぴんメイク動画。それが今では600万回以上も再生して、バズっちゃった。

初めからバズりを意図してやったことではないんです。普段はいつもすっぴんだから、別に特別なことじゃない。起きているときはメイクを欠かさないっていう人がいるけど、アタシにはできない。周りの人もすっぴんのアタシが普通だと思っているし。メイクをするのは仕事のときだけ、本名の「野口なを子」から「研ナオコ」に変わる瞬間……ここは、しっかりメイクして飾ります。それでも仕事が終われば飾りは外す。

だからみなさまもすっぴんがおすすめですよ。いつも素顔でいれば、家族やパートナーも「それが当たり前」ってことでだんだん慣れます(笑)。さらに体だけじゃなく心もすっぴんでいることをおすすめします。自分の心を飾って生きても、疲れるだけですから。

PROFILE

研ナオコ　Naoko Ken

1953年生まれ。静岡県出身。歌手、タレント、女優。1971年にシングル『大都会のやさぐれ女』で歌手デビュー。1975年には『愚図』でFNS歌謡祭・優秀歌謡音楽賞を受賞する。その後も、『あばよ』『かもめはかもめ』『夏をあきらめて』『泣かせて』『Tokyo見返り美人』など数々のヒット曲を世に送り出す。歌手活動以外にも、数多くのCMやバラエティ番組に出演するなど、幅広い分野で活躍。

STAFF

取材　藤井 優
撮影　徳永 徹
ヘア&メイク　堀 ちほ（plus C teaM）
デザイン　北村 亜由美
校正　株式会社聚珍社
　フライス・バーン
編集協力　株式会社ケンズファミリー
　株式会社出版計画
撮影協力　NOLITA 成城店

70歳、すっぴん人生

2023年7月4日 第1刷発行

発行人　土屋 徹
編集人　滝口 勝弘
企画編集　石尾 圭一郎
発行所　株式会社Gakken　〒141-8416　東京都品川区西五反田2-11-8
印刷所　大日本印刷株式会社
DTP　株式会社グレン

〈この本に関する各種お問い合わせ先〉
・本の内容については、下記サイトのお問い合わせフォームよりお願いします。
https://www.corp-gakken.co.jp/contact/
・在庫については　Tel 03-6431-1201（販売部）
・不良品（落丁、乱丁）については　Tel 0570-000577
学研業務センター　〒354-0045 埼玉県入間郡三芳町上富279-1
・上記以外のお問い合わせは　Tel 0570-056-710（学研グループ総合案内）